|| श्रीः ||

AF716463

my श्रीमद् भगवद् गीता

Volume 1

Chapters 1-5

This tracing book belongs to

____

____

Publisher:
Sandeep J. Agate
ShreeMeera Foundation (SMF)
2775 Orchard Run Road, Suite 136
Dayton, OH 45449, USA.
www.shreemeera.org

Edition and Publication Date:
1st Edition, February 08, 2026

Lunar Date:
ShreeĀie Mahārāj Puṇyatithi
Māgha, Krishṇa Saptamī
ShreeShake 1947

ISBN 979-8-90392-026-6

Dedication and Offering

✻

His Holiness ShreeMāmā Mahārāj
Her Holiness ShreeAie Mahārāj

Every moment deepens our understanding of who You are, what You have taught, and how You have lived. Our journey of reflection and practice has only begun, yet with every small act of service, Your grace continues to bless, guide, and protect us.

We humbly recognize the sacred privilege of being chosen to serve in this way. Through these tracing books, may our hands, hearts, and minds remain instruments of Your will, spreading love for the Shreemad Bhagawad Geetā and nurturing the spirit of daily sādhanā.

We pray for forgiveness for our shortcomings, for the strength to uphold the high ideals You have set before us, and for unwavering consistency in our service.

With deep gratitude, we place this offering at Your divine feet, seeking Your continued blessings and guidance on the path You have so graciously designed for us.

- Sandeep
On behalf of Team SMF

Prayer

✽

गुरुर्ब्रह्मा गुरुर्विष्णुः गुरुर्देवो महेश्वरः ।
गुरुः साक्षात् परब्रह्म तस्मै श्रीगुरवे नमः ।।
अवधूत चिंतन श्रीगुरुदेव दत्त ।
gururbrahmā gururviṣhṇuḥ gururdevo maheshwaraḥ |
guruḥ sākṣhāt parabrahma tasmai shreegurave namaḥ ||
avadhūta chiṅtana shreegurudeva datta |

O Guru,
Thou art Brahmā, the Creator divine,
Thou art Viṣhṇu, the Protector of this soul of mine,
Thou art Maheshwara, the Dissolver of illusion,
Thou art Parabrahma, the All-pervading One,

To Thee, O Guru, I bow in reverence,
With faith, with love, in pure surrender and silence.

✽

वसुदेवसुतं देवं कंसचाणूरमर्दनम् ।
देवकीपरमानन्दं कृष्णं वन्दे जगद्गुरुम् ।।
vasudevsutaṁ devaṁ kaṁsachāṇūramardanam |
devakīparamānandaṁ kriṣhṇaṁ vande jagadgurum ||

✽

भगवान श्रीराधावर श्रीकृष्णचंद्र महाराज की जय ।
भक्तवत्सल भक्ताभिमानी सद्गुरु योगिराज श्रीमामा महाराज की जय ।
भक्तवत्सल भक्ताभिमानी सद्गुरु मातुःश्री आई महाराज की जय ।।
अवधूत चिंतन श्रीगुरुदेव दत्त ।।
bhagawāna shreerādhāvar shreekriṣhṇachaṅdra mahārāĵ kī jaya |
bhaktavatsala bhaktābhimānī sadguru yogirāj shreemāmā mahārāĵ kī jaya |
bhaktavatsala bhaktābhimānī sadguru mātuḥshree āie mahārāĵ kī jaya ||
avadhūta chiṅtana shreegurudeva datta ||

✽✽✽

Table of Contents

My Bhagawad Geetā 6

The Consistency Tracker 10

Tracker 11

Adhyāy 1 13

Adhyāy 2 35

Adhyāy 3 65

Adhyāy 4 85

Adhyāy 5 105

ShreeMeera Foundation 119

SMF Petals 121

Bookmark Page 122

My Bhagawad Geetā

A Journey Through Writing, Reflection, and Devotion

अथ चित्तं समाधातुं न शक्नोषि मयि स्थिरम् ।
अभ्यासयोगेन ततो मामिच्छाप्तुं धनञ्जय ।। भ.गी.१२.९ ।।

atha chittaṁ samādhātuṁ na shaknoṣhi mayi sthiram |
abhyāsayogena tato māmichchhāptuṁ dhanañjaya || B.G.12.9 ||

"If you are unable to fix your mind steadily on Me, then seek to reach Me by constant practice of devotion, O Dhanañjay." || B.G.12.9 ||

Lord ShreeKriṣhṇa gently reminds us that perfection is not demanded—practice is. We have made a humble attempt to align this teaching with the purpose of this book: each day of writing and reflection is an act of devotion, a small but steady step toward divine connection.

The Shreemad Bhagawad Geetā is more than a scripture; it is a living dialog between the Divine and our soul. Spoken on the battlefield of Kurukṣhetra, its words illuminate the battlefield within each of us—the struggle between duty and doubt, action and inaction, clarity and confusion. For thousands of years, seekers have turned to the Geetā for guidance, strength, and peace.

The ShreeMeera Foundation (SMF) presents these Tracing Books as a gentle yet powerful way to bring this wisdom into daily life. Each page is designed to slow us down, to invite mindfulness, and to awaken the sacred rhythm of learning through writing. By tracing every verse—whether in Devanāgarī or English Roman script—we participate in a spiritual act that joins hand, mind, and heart.

Writing sacred words has always been regarded as a form of sādhanā—a disciplined spiritual practice. When the hand moves with intention, the mind grows still, and the heart absorbs the meaning beyond the letters. In this quiet merging of movement and awareness, knowledge becomes realization. What we write again and again is not just text—it becomes thought, habit, and ultimately, nature.

The Bridge Between Understanding and Realization

In today's hurried world, the greatest challenge for any seeker is not the lack of wisdom but the absence of consistency. We often wait for inspiration or motivation to begin, but the Geetā teaches a subtler truth: transformation unfolds through steady effort, not through fleeting enthusiasm.

ShreeKrịshṇa's words to Arjun—*abhyāsena tu kaunteya vairāgyeṇa cha gruhyate (B.G.6.35)*—remind us that the restless mind can be trained only through practice and detachment. Abhyāsa—repeated, regular effort—is the bridge between understanding and realization.

This tracing book embodies that principle. It encourages us to dedicate a few minutes every day to the divine dialogue. As we trace, we read; as we read, we reflect; and as we reflect, we begin to live the message. These daily moments, though small, accumulate into profound inner change.

The Power of Small, Consistent Acts

In the spiritual path, grand gestures are less important than quiet perseverance. A lamp does not stay lit through one burst of oil but through a steady flame. Likewise, progress in spirituality comes not from rare intensity but from daily constancy.

Every traced verse is a step—a reminder that the journey to self-realization is not a sprint but a lifelong pilgrimage of awareness. Each day that we sit with this book, we affirm our commitment to growth, humility, and devotion.

Small, consistent acts performed every day are the most efficient way of making progress. Consistency beats motivation.

This simple truth lies at the heart of all sādhanā. When devotion becomes a habit, discipline transforms into joy. Even a single verse traced with sincerity becomes an offering of service (sevā), a quiet dialog between our soul and the Divine.

Service as a Way of Life

In the Bhagawad Geetā, ShreeKrịshṇa reveals that all actions, when performed selflessly and offered to the Divine, become acts of worship. This book invites us to see the tracing of each verse not as mere study, but as sevā—a humble contribution to our own awakening and to the preservation of timeless wisdom. To serve is to align with the greater flow of life.

Through service, we move beyond the confines of ego and enter the spaciousness of the soul. As we write, we participate in the same lineage of devotion that has preserved the Geetā through countless generations. Our small effort continues that sacred chain.

Let every stroke of the pen remind us that service is not separate from spirituality—it is its living expression. Writing with attention, humility, and gratitude becomes a silent prayer, a surrender of self into meaning.

Integrating the Teaching

The goal of tracing the Geetā is not perfection of handwriting, but the refinement of inner awareness. Each line we trace mirrors the truth that mastery is built through repetition; clarity through reflection; peace through surrender.

The verses of the Geetā address every aspect of human life—duty, love, fear, knowledge, action, and renunciation. By engaging with them daily, we gradually harmonize these aspects within ourselves. Over time, the boundaries between study, prayer, and life begin to dissolve. The Geetā ceases to be a book—it becomes our inner voice.

Making it count

Many of us begin with enthusiasm and later lose rhythm. This tracing book is meant to be a steady companion through such fluctuations. Its pages ask only a few minutes each day—just enough to realign with purpose, to anchor the mind, and to rekindle devotion.

If we miss a day, let us begin again. If the mind wanders, let us realign. The value lies not in perfection but in persistence. In this way, the practice itself becomes a reflection of life's greater truth: that each moment is a chance to begin anew.

An Offering of Love and Humility

This work is offered with love and reverence to all who wish to walk the path of inner transformation. With the grace and power of Lord ShreeKriṣhṇa, may every reader, student, and sādhak who touches these pages rediscover the joy of slow learning, the power of consistency, and the peace that comes from selfless service.

Through His infinite spiritual empathy, may our tracing of these verses awaken clarity, devotion, and strength. May it bring light to our thoughts, purity to our actions, and serenity to our hearts.

And may the wisdom of the Shreemad Bhagawad Geetā guide us gently—one line, one verse, one page, one day at a time—toward the realization of our own divine nature.

**In the spirit of the Geetā, let every small act become sacred.
Write with love. Reflect with faith. Serve with constancy.
For it is not in greatness, but in consistency, that the soul finds liberation.**

✼✼✼

The Consistency Tracker

The Consistency Tracker, included in this book, is designed to help us cultivate regularity in our spiritual practice. Each box in the grid represents a single day of the year—twelve columns for the months and thirty-one rows for the days.

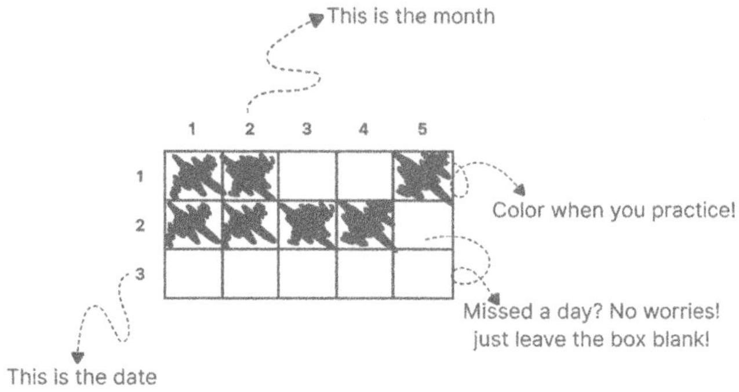

Every time we trace or write from this book, we mark or color one box for that day. Over time, we will begin to see our own pattern of discipline and devotion emerge—a visual reflection of your journey.

Missed days are not failures—they are reminders. The tracker helps us recognize where life interrupted our rhythm and gently encourages us to return to our practice. We can use these reflections to make up for lost time and strengthen our resolve.

Progress on the spiritual path is not measured by speed, but by consistency. Each mark on this grid is a small act of service, a step forward in awareness, and a symbol of our commitment to walk this path every day—with sincerity, patience, and love.

	1	2	3	4	5	6	7	8	9	10	11	12
1												
2												
3												
4												
5												
6												
7												
8												
9												
10												
11												
12												
13												
14												
15												
16												
17												
18												
19												
20												
21												
22												
23												
24												
25												
26												
27												
28												
29												
30												
31												

Tracker

Adhyāy 1

Arjunviṣhādayogaḥ

Date: M T W T F S S

Date: M T W T F S S

ॐ श्रीगणेशाय नमः ।

ॐ श्रीसरस्वत्यै नमः ।

ॐ श्रीगुरुभ्यो नमः । हरिः ॐ ।

वसुदेवसुतं देवं, कंसचाणूरमर्दनम् ।

देवकीपरमानन्दं, कृष्णं वन्दे जगद्गुरुम् ॥

ॐ भगवते

श्रीराधावरश्रीकृष्णचंद्रपरमात्मने नमः ।

ॐ श्रीमद्भगवद्गीता ।

अथ प्रथमोऽध्यायः ।

अर्जुनविषादयोगः

धृतराष्ट्र उवाच-

धर्मक्षेत्रे कुरुक्षेत्रे

समवेता युयुत्सवः ।

मामकाः पाण्डवाश्चैव

किमकुर्वत सञ्जय ॥ १ ॥

सञ्जय उवाच-

दृष्ट्वा तु पाण्डवानीकं

व्यूढं दुर्योधनस्तदा ।

आचार्यमुपसङ्गम्य

राजा वचनमब्रवीत् ॥ २ ॥

पश्यैतां पाण्डुपुत्राणाम्

आचार्य महतीं चमूम् ।

व्यूढां द्रुपदपुत्रेण

तव शिष्येण धीमता ॥ ३ ॥

अत्र शूरा महेष्वासा

भीमार्जुनसमा युधि ।

युयुधानो विराटश्च

द्रुपदश्च महारथः ॥ ४ ॥

धृष्टकेतुश्चेकितानः

काशिराजश्च वीर्यवान् ।

पुरुजित् कुन्तिभोजश्च

शैब्यश्च नरपुङ्गवः ॥ ५ ॥

युधामन्युश्च विक्रान्त

Date: M T W T F S S

उत्तमौजाश्च वीर्यवान् ।

सौभद्रो द्रौपदेयाश्च

सर्व एव महारथाः ॥ ६ ॥

अस्माकं तु विशिष्टा ये

तान्निबोध द्विजोत्तम ।

नायका मम सैन्यस्य

सञ्ज्ञार्थं तान् ब्रवीमि ते ॥ ७ ॥

भवान् भीष्मश्च कर्णश्च

कृपश्च समितिञ्जयः ।

अश्वत्थामा विकर्णश्च

सौमदत्तिस्तथैव च ॥ ८ ॥

अन्ये च बहवः शूरा

मदर्थे त्यक्तजीविताः ।

नानाशस्त्रप्रहरणाः

सर्वे युद्धविशारदाः ॥ ९ ॥

अपर्याप्तं तदस्माकं

बलं भीष्माभिरक्षितम् ।

पर्याप्तं त्विदमेतेषां

बलं भीमाभिरक्षितम् ॥ १० ॥

अयनेषु च सर्वेषु

यथाभागमवस्थिताः ।

भीष्ममेवाभिरक्षन्तु

भवन्तः सर्व एव हि ॥ ११ ॥

तस्य सञ्जनयन् हर्षं

कुरुवृद्धः पितामहः ।

सिंहनादं विनद्योच्चैः

शङ्खं दध्मौ प्रतापवान् ॥ १२ ॥

ततः शङ्खाश्च भेर्यश्च

पणवानकगोमुखाः ।

सहसैवाभ्यहन्यन्त

स शब्दस्तुमुलोऽभवत् ॥ १३ ॥

ततः श्वेतैर्हयैर्युक्ते

महति स्यन्दने स्थितौ ।

माधवः पाण्डवश्चैव

दिव्यौ शङ्खौ प्रदध्मतुः ॥ १४ ॥

पाञ्चजन्यं हृषीकेशो

देवदत्तं धनञ्जयः ।

पौण्ड्रं दध्मौ महाशङ्खं

भीमकर्मा वृकोदरः ॥ १५ ॥

अनन्तविजयं राजा

कुन्तीपुत्रो युधिष्ठिरः ।

नकुलः सहदेवश्च

सुघोषमणिपुष्पकौ ॥ १६ ॥

काश्यश्च परमेष्वासः

शिखण्डी च महारथः ।

धृष्टद्युम्नो विराटश्च

सात्यकिश्चापराजितः ॥ १७ ॥

द्रुपदो द्रौपदेयाश्च

सर्वशः पृथिवीपते ।

सौभद्रश्च महाबाहुः

शङ्खान् दध्मुः पृथक् पृथक् ॥ १८ ॥

स घोषो धार्तराष्ट्राणां

हृदयानि व्यदारयत् ।

नभश्च पृथिवीं चैव

तुमुलो व्यनुनादयन् ॥ १९ ॥

अथ व्यवस्थितान्दृष्ट्वा

धार्तराष्ट्रान् कपिध्वजः ।

प्रवृत्ते शस्त्रसम्पाते

धनुरुद्यम्य पाण्डवः ॥ २० ॥

हृषीकेशं तदा वाक्यम्

इदमाह महीपते ।

अर्जुन उवाच -

सेनयोरुभयोर्मध्ये

रथं स्थापय मेऽच्युत ॥ २१ ॥

यावदेतान्निरीक्षेऽहं

योद्धुकामानवस्थितान् ।

Date: M T W T F S S

कैर्मया सह योद्धव्यम्

अस्मिन् रणसमुद्यमे ॥ २२ ॥

योत्स्यमानानवेक्षेऽहं

य एतेऽत्र समागताः ।

धार्तराष्ट्रस्य दुर्बुद्धेः

युद्धे प्रियचिकीर्षवः ॥ २३ ॥

सञ्जय उवाच-

एवमुक्तो हृषीकेशो

गुडाकेशेन भारत ।

सेनयोरुभयोर्मध्ये

स्थापयित्वा रथोत्तमम् ॥ २४ ॥

भीष्मद्रोणप्रमुखतः

सर्वेषां च महीक्षिताम् ।

उवाच पार्थ पश्यैतान्

समवेतान्कुरूनिति ॥ २५ ॥

तत्रापश्यत्स्थितान् पार्थः

पितॄनथ पितामहान् ।

आचार्यान्मातुलान्भ्रातॄन्

पुत्रान्पौत्रान्सखींस्तथा ॥ २६ ॥

श्वशुरान् सुहृदश्चैव

सेनयोरुभयोरपि ।

तान्समीक्ष्य स कौन्तेयः

सर्वान्बन्धूनवस्थितान् ॥ २७ ॥

कृपया परयाविष्टो

विषीदन्निदमब्रवीत् ।

अर्जुन उवाच-

दृष्ट्वेमं स्वजनं कृष्ण

युयुत्सुं समुपस्थितम् ॥ २८ ॥

सीदन्ति मम गात्राणि

मुखं च परिशुष्यति ।

वेपथुश्च शरीरे मे

रोमहर्षश्च जायते ॥ २९ ॥

गाण्डीवं स्रंसते हस्तात्

त्वक्चैव परिदह्यते ।

न च शक्नोम्यवस्थातुं

भ्रमतीव च मे मनः ॥ ३० ॥

निमित्तानि च पश्यामि

विपरीतानि केशव ।

न च श्रेयोऽनुपश्यामि

हत्वा स्वजनमाहवे ॥ ३१ ॥

न काङ्क्षे विजयं कृष्ण

न च राज्यं सुखानि च ।

किं नो राज्येन गोविन्द

किं भोगैर्जीवितेन वा ॥ ३२ ॥

येषामर्थे काङ्क्षितं नो

राज्यं भोगाः सुखानि च ।

त इमेऽवस्थिता युद्धे

प्राणांस्त्यक्त्वा धनानि च ॥ ३३ ॥

आचार्याः पितरः पुत्राः

तथैव च पितामहाः ।

मातुलाः श्वशुराः पौत्राः

श्यालाः सम्बन्धिनस्तथा ॥ ३४ ॥

एतान्न हन्तुमिच्छामि

घ्नतोऽपि मधुसूदन ।

अपि त्रैलोक्यराज्यस्य

हेतोः किं नु महीकृते ॥ ३५ ॥

निहत्य धार्तराष्ट्रान्नः

का प्रीतिः स्याज्जनार्दन ।

पापमेवाश्रयेदस्मान्

हत्वैतानाततायिनः ॥ ३६ ॥

तस्मान्नार्हा वयं हन्तुं

धार्तराष्ट्रान् स्वबान्धवान् ।

स्वजनं हि कथं हत्वा

सुखिनः स्याम माधव ॥ ३७ ॥

यद्यप्येते न पश्यन्ति

लोभोपहतचेतसः ।

कुलक्षयकृतं दोषं

मित्रद्रोहे च पातकम् ॥ ३८ ॥

कथं न ज्ञेयमस्माभिः

पापादस्मान्निवर्तितुम् ।

कुलक्षयकृतं दोषं

प्रपश्यद्भिर्जनार्दन ॥ ३९ ॥

कुलक्षये प्रणश्यन्ति

कुलधर्माः सनातनाः ।

धर्मे नष्टे कुलं कृत्स्नम्

अधर्मोऽभिभवत्युत ॥ ४० ॥

अधर्माभिभवात्कृष्ण

प्रदुष्यन्ति कुलस्त्रियः ।

स्त्रीषु दुष्टासु वार्ष्णेय

जायते वर्णसङ्करः ॥ ४१ ॥

सङ्करो नरकायैव

कुलघ्नानां कुलस्य च ।

पतन्ति पितरो ह्येषां

लुप्तपिण्डोदकक्रियाः ॥ ४२ ॥

दोषैरेतैः कुलघ्नानां

वर्णसङ्करकारकैः ।

उत्साद्यन्ते जातिधर्माः

कुलधर्माश्च शाश्वताः ॥ ४३ ॥

उत्सन्नकुलधर्माणां

मनुष्याणां जनार्दन ।

नरकेऽनियतं वासो

भवतीत्यनुशुश्रुम ॥ ४४ ॥

अहो बत महत्पापं

कर्तुं व्यवसिता वयम् ।

यद्राज्यसुखलोभेन

हन्तुं स्वजनमुद्यताः ॥ ४५ ॥

यदि मामप्रतीकारम्

अशस्त्रं शस्त्रपाणयः ।

धार्तराष्ट्रा रणे हन्युः

तन्मे क्षेमतरं भवेत् ॥ ४६ ॥

सञ्जय उवाच-

एवमुक्त्वार्जुनः सङ्ख्ये

रथोपस्थ उपाविशत् ।

विसृज्य सशरं चापं

शोकसंविग्नमानसः ॥ ४७ ॥

ॐ तत्सदिति श्रीमद्भगवद्गीतासूपनिषत्सु

ब्रह्मविद्यायां योगशास्त्रे

श्रीकृष्णार्जुनसंवादेऽर्जुनविषादयोगो

नाम प्रथमोऽध्यायः ॥

ॐ हरये नमः । ॐ हरये नमः ।

Date: M T W T F S S

ॐ हरये नमः ।

ॐ शान्तिः । ॐ शान्तिः । ॐ शान्तिः ।

हरिः ॐ ॥ श्रीकृष्णार्पणमस्तु ॥

Adhyāy 2

Sāṅkhyayogaḥ

ॐ श्रीमद्भगवद्गीता ।

अथ द्वितीयोऽध्यायः ।

सांख्ययोगः

सञ्जय उवाच -

तं तथा कृपयाविष्टम्

अश्रुपूर्णाकुलेक्षणम् ।

विषीदन्तमिदं वाक्यम्

उवाच मधुसूदनः ॥ १ ॥

श्रीभगवानुवाच -

कुतस्त्वा कश्मलमिदं

विषमे समुपस्थितम् ।

अनार्यजुष्टमस्वर्ग्यम्

अकीर्तिकरमर्जुन ॥ २ ॥

क्लैब्यं मा स्म गमः पार्थ

नैतत्त्वय्युपपद्यते ।

क्षुद्रं हृदयदौर्बल्यं

त्यक्त्वोत्तिष्ठ परन्तप ॥ ३ ॥

अर्जुन उवाच -

कथं भीष्ममहं सङ्ख्ये

द्रोणं च मधुसूदन ।

इषुभिः प्रति योत्स्यामि

पूजार्हावरिसूदन ॥ ४ ॥

गुरूनहत्वा हि महानुभावान्

श्रेयो भोक्तुं भैक्ष्यमपीह लोके ।

हत्वार्थकामांस्तु गुरूनिहैव

भुञ्जीय भोगान् रुधिरप्रदिग्धान् ॥ ५ ॥

न चैतद्विद्मः कतरन्नो गरीयो

यद्वा जयेम यदि वा नो जयेयुः ।

यानेव हत्वा न जिजीविषामः

तेऽवस्थिताः प्रमुखे धार्तराष्ट्राः ॥ ६ ॥

कार्पण्यदोषोपहतस्वभावः

पृच्छामि त्वां धर्मसम्मूढचेताः ।

यच्छ्रेयः स्यान्निश्चितं ब्रूहि तन्मे

शिष्यस्तेऽहं शाधि मां त्वां प्रपन्नम् ॥ ७ ॥

न हि प्रपश्यामि ममापनुद्याद्

यच्छोकमुच्छोषणमिन्द्रियाणाम् ।

अवाप्य भूमावसपत्नमृद्धं

राज्यं सुराणामपि चाधिपत्यम् ॥ ८ ॥

सञ्जय उवाच –

एवमुक्त्वा हृषीकेशं

गुडाकेशः परन्तप ।

न योत्स्य इति गोविन्दम्

उक्त्वा तूष्णीं बभूव ह ॥ ९ ॥

तमुवाच हृषीकेशः

प्रहसन्निव भारत ।

सेनयोरुभयोर्मध्ये

विषीदन्तमिदं वचः ॥ १० ॥

श्रीभगवानुवाच –

अशोच्यानन्वशोचस्त्वं

प्रज्ञावादांश्च भाषसे ।

गतासूनगतासूंश्च

नानुशोचन्ति पण्डिताः ॥ ११ ॥

न त्वेवाहं जातु नासं

न त्वं नेमे जनाधिपाः ।

न चैव न भविष्यामः

सर्वे वयमतः परम् ॥ १२ ॥

देहिनोऽस्मिन्यथा देहे

कौमारं यौवनं जरा ।

तथा देहान्तरप्राप्तिः

धीरस्तत्र न मुह्यति ॥ १३ ॥

मात्रास्पर्शास्तु कौन्तेय

शीतोष्णसुखदुःखदाः ।

आगमापायिनोऽनित्याः

तांस्तितिक्षस्व भारत ॥ १४ ॥

यं हि न व्यथयन्त्येते

पुरुषं पुरुषर्षभ ।

समदुःखसुखं धीरं

सोऽमृतत्वाय कल्पते ॥ १५ ॥

नासतो विद्यते भावो

नाभावो विद्यते सतः ।

उभयोरपि दृष्टोऽन्तः

त्वनयोस्तत्त्वदर्शिभिः ॥ १६ ॥

अविनाशि तु तद्विद्धि

येन सर्वमिदं ततम् ।

विनाशमव्ययस्यास्य

न कश्चित्कर्तुमर्हति ॥ १७ ॥

अन्तवन्त इमे देहा

नित्यस्योक्ताः शरीरिणः ।

अनाशिनोऽप्रमेयस्य

तस्माद्युध्यस्व भारत ॥ १८ ॥

य एनं वेत्ति हन्तारं

यश्चैनं मन्यते हतम् ।

उभौ तौ न विजानीतो

नायं हन्ति न हन्यते ॥ १९ ॥

न जायते म्रियते वा कदाचिन्

नायं भूत्वा भविता वा न भूयः ।

अजो नित्यः शाश्वतोऽयं पुराणो

न हन्यते हन्यमाने शरीरे ॥ २० ॥

वेदाविनाशिनं नित्यं

य एनमजमव्ययम् ।

कथं स पुरुषः पार्थ

कं घातयति हन्ति कम् ॥ २१ ॥

वासांसि जीर्णानि यथा विहाय

नवानि गृह्णाति नरोऽपराणि ।

तथा शरीराणि विहाय जीर्णा

न्यन्यानि संयाति नवानि देही ॥ २२ ॥

नैनं छिन्दन्ति शस्त्राणि

नैनं दहति पावकः ।

न चैनं क्लेदयन्त्यापो

न शोषयति मारुतः ॥ २३ ॥

अच्छेद्योऽयमदाह्योऽयम्

अक्लेद्योऽशोष्य एव च ।

नित्यः सर्वगतः स्थाणुः

अचलोऽयं सनातनः ॥ २४ ॥

अव्यक्तोऽयमचिन्त्योऽयम्

अविकार्योऽयमुच्यते ।

तस्मादेवं विदित्वैनं

नानुशोचितुमर्हसि ॥ २५ ॥

अथ चैनं नित्यजातं

नित्यं वा मन्यसे मृतम् ।

तथापि त्वं महाबाहो

नैवं शोचितुमर्हसि ॥ २६ ॥

जातस्य हि ध्रुवो मृत्युः

ध्रुवं जन्म मृतस्य च ।

तस्मादपरिहार्येऽर्थे

न त्वं शोचितुमर्हसि ॥ २७ ॥

अव्यक्तादीनि भूतानि

व्यक्तमध्यानि भारत ।

अव्यक्तनिधनान्येव

तत्र का परिदेवना ॥ २८ ॥

आश्चर्यवत्पश्यति कश्चिदेनम्

आश्चर्यवद्वदति तथैव चान्यः ।

आश्चर्यवच्चैनमन्यः शृणोति

श्रुत्वाप्येनं वेद न चैव कश्चित् ॥ २९ ॥

देही नित्यमवध्योऽयं

देहे सर्वस्य भारत ।

तस्मात्सर्वाणि भूतानि

न त्वं शोचितुमर्हसि ॥ ३० ॥

स्वधर्ममपि चावेक्ष्य

न विकम्पितुमर्हसि ।

धर्म्याद्धि युद्धाच्छ्रेयोऽन्यत्

क्षत्रियस्य न विद्यते ॥ ३१ ॥

यदृच्छया चोपपन्नं

स्वर्गद्वारमपावृतम् ।

सुखिनः क्षत्रियाः पार्थ

लभन्ते युद्धमीदृशम् ॥ ३२ ॥

अथ चेत्त्वमिमं धर्म्यं

सङ्ग्रामं न करिष्यसि ।

ततः स्वधर्मं कीर्तिं च

हित्वा पापमवाप्स्यसि ॥ ३३ ॥

अकीर्तिं चापि भूतानि

कथयिष्यन्ति तेऽव्ययाम् ।

सम्भावितस्य चाकीर्तिः

मरणादतिरिच्यते ॥ ३४ ॥

भयाद्रणादुपरतं

मंस्यन्ते त्वां महारथाः ।

येषां च त्वं बहुमतो

भूत्वा यास्यसि लाघवम् ॥ ३५ ॥

अवाच्यवादांश्च बहून्

वदिष्यन्ति तवाहिताः ।

निन्दन्तस्तव सामर्थ्यं

ततो दुःखतरं नु किम् ॥ ३६ ॥

हतो वा प्राप्स्यसि स्वर्गं

जित्वा वा भोक्ष्यसे महीम् ।

तस्मादुत्तिष्ठ कौन्तेय

युद्धाय कृतनिश्चयः ॥ ३७ ॥

सुखदुःखे समे कृत्वा

लाभालाभौ जयाजयौ ।

ततो युद्धाय युज्यस्व

नैवं पापमवाप्स्यसि ॥ ३८ ॥

एषा तेऽभिहिता साङ्ख्ये

बुद्धिर्योगे त्विमां शृणु ।

बुद्ध्या युक्तो यया पार्थ

कर्मबन्धं प्रहास्यसि ॥ ३९ ॥

नेहाभिक्रमनाशोऽस्ति

प्रत्यवायो न विद्यते ।

स्वल्पमप्यस्य धर्मस्य

त्रायते महतो भयात् ॥ ४० ॥

व्यवसायात्मिका बुद्धिः

एकेह कुरुनन्दन।

बहुशाखा ह्यनन्ताश्च

बुद्धयोऽव्यवसायिनाम् ॥ ४१ ॥

यामिमां पुष्पितां वाचं

प्रवदन्त्यविपश्चितः ।

वेदवादरताः पार्थ

नान्यदस्तीति वादिनः ॥ ४२ ॥

कामात्मानः स्वर्गपरा

जन्मकर्मफलप्रदाम् ।

क्रियाविशेषबहुलां

भोगैश्वर्यगतिं प्रति ॥ ४३ ॥

भोगैश्वर्यप्रसक्तानां

तयापहृतचेतसाम् ।

व्यवसायात्मिका बुद्धिः

समाधौ न विधीयते ॥ ४४ ॥

त्रैगुण्यविषया वेदा

निस्त्रैगुण्यो भवार्जुन ।

निर्द्वन्द्वो नित्यसत्त्वस्थो

निर्योगक्षेम आत्मवान् ॥ ४५ ॥

यावानर्थ उदपाने

सर्वतः सम्प्लुतोदके ।

तावान्सर्वेषु वेदेषु

ब्राह्मणस्य विजानतः ॥ ४६ ॥

कर्मण्येवाधिकारस्ते

मा फलेषु कदाचन ।

मा कर्मफलहेतुर्भूः

मा ते सङ्गोऽस्त्वकर्मणि ॥ ४७ ॥

योगस्थः कुरु कर्माणि

सङ्गं त्यक्त्वा धनञ्जय ।

सिद्ध्यसिद्ध्योः समो भूत्वा

समत्वं योग उच्यते ॥ ४८ ॥

दूरेण ह्यवरं कर्म

बुद्धियोगाद्धनञ्जय ।

बुद्धौ शरणमन्विच्छ

कृपणाः फलहेतवः ॥ ४९ ॥

बुद्धियुक्तो जहातीह

उभे सुकृतदुष्कृते ।

तस्माद्योगाय युज्यस्व

योगः कर्मसु कौशलम् ॥ ५० ॥

कर्मजं बुद्धियुक्ता हि

फलं त्यक्त्वा मनीषिणः ।

जन्मबन्धविनिर्मुक्ताः

पदं गच्छन्त्यनामयम् ॥ ५१ ॥

यदा ते मोहकलिलं

बुद्धिर्व्यतितरिष्यति ।

तदा गन्तासि निर्वेदं

श्रोतव्यस्य श्रुतस्य च ॥ ५२ ॥

श्रुतिविप्रतिपन्ना ते

यदा स्थास्यति निश्चला ।

समाधावचला बुद्धिः

तदा योगमवाप्स्यसि ॥ ५३ ॥

Date: M T W T F S S

अर्जुन उवाच -

स्थितप्रज्ञस्य का भाषा

समाधिस्थस्य केशव ।

स्थितधीः किं प्रभाषेत

किमासीत व्रजेत किम् ॥ ५४ ॥

श्रीभगवानुवाच -

प्रजहाति यदा कामान्

सर्वान्पार्थ मनोगतान् ।

आत्मन्येवात्मना तुष्टः

स्थितप्रज्ञस्तदोच्यते ॥ ५५ ॥

दुःखेष्वनुद्विग्नमनाः

सुखेषु विगतस्पृहः ।

वीतरागभयक्रोधः

स्थितधीर्मुनिरुच्यते ॥ ५६ ॥

यः सर्वत्रानभिस्नेहः

तत्तत्प्राप्य शुभाशुभम् ।

नाभिनन्दति न द्वेष्टि

तस्य प्रज्ञा प्रतिष्ठिता ॥ ५७ ॥

यदा संहरते चायं

कूर्मोऽङ्गानीव सर्वशः ।

इन्द्रियाणीन्द्रियार्थेभ्यः

तस्य प्रज्ञा प्रतिष्ठिता ॥ ५८ ॥

विषया विनिवर्तन्ते

निराहारस्य देहिनः ।

रसवर्जं रसोऽप्यस्य

परं दृष्ट्वा निवर्तते ॥ ५९ ॥

यततो ह्यपि कौन्तेय

पुरुषस्य विपश्चितः ।

इन्द्रियाणि प्रमाथीनि

हरन्ति प्रसभं मनः ॥ ६० ॥

तानि सर्वाणि संयम्य

युक्त आसीत मत्परः ।

वशे हि यस्येन्द्रियाणि

तस्य प्रज्ञा प्रतिष्ठिता ॥ ६१ ॥

ध्यायतो विषयान्पुंसः

सङ्गस्तेषूपजायते ।

सङ्गात्सञ्जायते कामः

कामात्क्रोधोऽभिजायते ॥ ६२ ॥

क्रोधाद्भवति सम्मोहः

सम्मोहात्स्मृतिविभ्रमः ।

स्मृतिभ्रंशाद् बुद्धिनाशो

बुद्धिनाशात्प्रणश्यति ॥ ६३ ॥

रागद्वेषवियुक्तैस्तु

विषयानिन्द्रियैश्चरन् ।

आत्मवश्यैर्विधेयात्मा

प्रसादमधिगच्छति ॥ ६४ ॥

प्रसादे सर्वदुःखानां

हानिरस्योपजायते ।

प्रसन्नचेतसो ह्याशु

बुद्धिः पर्यवतिष्ठते ॥ ६५ ॥

नास्ति बुद्धिरयुक्तस्य

न चायुक्तस्य भावना ।

न चाभावयतः शान्तिः

अशान्तस्य कुतः सुखम् ॥ ६६ ॥

इन्द्रियाणां हि चरतां

यन्मनोऽनुविधीयते ।

तदस्य हरति प्रज्ञां

वायुर्नावमिवाम्भसि ॥ ६७ ॥

तस्माद्यस्य महाबाहो

निगृहीतानि सर्वशः ।

इन्द्रियाणीन्द्रियार्थेभ्यः

तस्य प्रज्ञा प्रतिष्ठिता ॥ ६८ ॥

या निशा सर्वभूतानां

तस्यां जागर्ति संयमी ।

यस्यां जाग्रति भूतानि

सा निशा पश्यतो मुनेः ॥ ६९ ॥

आपूर्यमाणमचलप्रतिष्ठं

समुद्रमापः प्रविशन्ति यद्वत् ।

तद्वत्कामा यं प्रविशन्ति सर्वे

स शान्तिमाप्नोति न कामकामी ॥ ७० ॥

विहाय कामान्यः सर्वान्

पुमांश्चरति निःस्पृहः ।

निर्ममो निरहङ्कारः

स शान्तिमधिगच्छति ॥ ७१ ॥

एषा ब्राह्मी स्थितिः पार्थ

नैनां प्राप्य विमुह्यति ।

स्थित्वास्यामन्तकालेऽपि

ब्रह्मनिर्वाणमृच्छति ॥ ७२ ॥

ॐ तत्सदिति श्रीमद्भगवद्गीतासूपनिषत्सु

ब्रह्मविद्यायां योगशास्त्रे

श्रीकृष्णार्जुनसंवादे

सांख्ययोगो नाम द्वितीयोऽध्यायः ॥

ॐ हरये नमः । ॐ हरये नमः ।

ॐ हरये नमः ।

ॐ शान्तिः । ॐ शान्तिः । ॐ शान्तिः ।

हरिः ॐ ॥ श्रीकृष्णार्पणमस्तु ॥

Adhyāy 3

Karmayogaḥ

Date: M T W T F S S

ॐ श्रीमद्भगवद्गीता ।

अथ तृतीयोऽध्यायः ।

कर्मयोगः

अर्जुन उवाच –

ज्यायसी चेत्कर्मणस्ते

मता बुद्धिर्जनार्दन ।

तत्किं कर्मणि घोरे मां

नियोजयसि केशव ॥ १ ॥

व्यामिश्रेणेव वाक्येन

बुद्धिं मोहयसीव मे ।

तदेकं वद निश्चित्य

येन श्रेयोऽहमाप्नुयाम् ॥ २ ॥

श्रीभगवानुवाच -

लोकेऽस्मिन्द्विविधा निष्ठा

पुरा प्रोक्ता मयानघ ।

ज्ञानयोगेन साङ्ख्यानां

कर्मयोगेन योगिनाम् ॥ ३ ॥

न कर्मणामनारम्भान्

नैष्कर्म्यं पुरुषोऽश्नुते ।

न च संन्यसनादेव

सिद्धिं समधिगच्छति ॥ ४ ॥

न हि कश्चित्क्षणमपि

जातु तिष्ठत्यकर्मकृत् ।

कार्यते ह्यवशः कर्म

सर्वः प्रकृतिजैर्गुणैः ॥ ५ ॥

कर्मेन्द्रियाणि संयम्य

य आस्ते मनसा स्मरन् ।

इन्द्रियार्थान्विमूढात्मा

मिथ्याचारः स उच्यते ॥ ६ ॥

यस्त्विन्द्रियाणि मनसा

नियम्यारभतेऽर्जुन ।

कर्मेन्द्रियैः कर्मयोगम्

असक्तः स विशिष्यते ॥ ७ ॥

नियतं कुरु कर्म त्वं

कर्म ज्यायो ह्यकर्मणः ।

शरीरयात्रापि च ते

न प्रसिद्ध्येदकर्मणः ॥ ८ ॥

यज्ञार्थात्कर्मणोऽन्यत्र

लोकोऽयं कर्मबन्धनः ।

तदर्थं कर्म कौन्तेय

मुक्तसङ्गः समाचर ॥ ९ ॥

सहयज्ञाः प्रजाः सृष्ट्वा

पुरोवाच प्रजापतिः ।

अनेन प्रसविष्यध्वम्

एष वोऽस्त्विष्टकामधुक् ॥ १० ॥

देवान्भावयतानेन

ते देवा भावयन्तु वः ।

परस्परं भावयन्तः

श्रेयः परमवाप्स्यथ ॥ ११ ॥

इष्टान्भोगान्हि वो देवा

दास्यन्ते यज्ञभाविताः ।

तैर्दत्तानप्रदायैभ्यो

यो भुङ्क्ते स्तेन एव सः ॥ १२ ॥

यज्ञशिष्टाशिनः सन्तो

मुच्यन्ते सर्वकिल्बिषैः ।

भुञ्जते ते त्वघं पापा

ये पचन्त्यात्मकारणात् ॥ १३ ॥

अन्नाद्भवन्ति भूतानि

पर्जन्यादन्नसम्भवः ।

यज्ञाद्भवति पर्जन्यो

यज्ञः कर्मसमुद्भवः ॥ १४ ॥

कर्म ब्रह्मोद्भवं विद्धि

ब्रह्माक्षरसमुद्भवम् ।

तस्मात्सर्वगतं ब्रह्म

नित्यं यज्ञे प्रतिष्ठितम् ॥ १५ ॥

एवं प्रवर्तितं चक्रं

नानुवर्तयतीह यः ।

अघायुरिन्द्रियारामो

मोघं पार्थ स जीवति ॥ १६ ॥

यस्त्वात्मरतिरेव स्याद्

आत्मतृप्तश्च मानवः ।

आत्मन्येव च संतुष्टः

तस्य कार्यं न विद्यते ॥ १७ ॥

नैव तस्य कृतेनार्थो

नाकृतेनेह कश्चन ।

न चास्य सर्वभूतेषु

कश्चिदर्थव्यपाश्रयः ॥ १८ ॥

तस्मादसक्तः सततं

कार्यं कर्म समाचर ।

असक्तो ह्याचरन्कर्म

परमाप्नोति पूरुषः ॥ १९ ॥

कर्मणैव हि संसिद्धिम्

आस्थिता जनकादयः ।

लोकसङ्ग्रहमेवापि

सम्पश्यन्कर्तुमर्हसि ॥ २० ॥

यद्यदाचरति श्रेष्ठः

तत्तदेवेतरो जनः ।

स यत्प्रमाणं कुरुते

लोकस्तदनुवर्तते ॥ २१ ॥

न मे पार्थास्ति कर्तव्यं

त्रिषु लोकेषु किञ्चन ।

नानवाप्तमवाप्तव्यं

वर्त एव च कर्मणि ॥ २२ ॥

यदि ह्यहं न वर्तेयं

जातु कर्मण्यतन्द्रितः ।

मम वर्त्मानुवर्तन्ते

मनुष्याः पार्थ सर्वशः ॥ २३ ॥

उत्सीदेयुरिमे लोका

न कुर्यां कर्म चेदहम् ।

सङ्करस्य च कर्ता स्याम्

उपहन्यामिमाः प्रजाः ॥ २४ ॥

सक्ताः कर्मण्यविद्वांसो

यथा कुर्वन्ति भारत ।

कुर्याद्विद्वांस्तथासक्तः

चिकीर्षुर्लोकसङ्ग्रहम् ॥ २५ ॥

न बुद्धिभेदं जनयेद्

अज्ञानां कर्मसङ्गिनाम् ।

जोषयेत्सर्वकर्माणि

विद्वान्युक्तः समाचरन् ॥ २६ ॥

प्रकृतेः क्रियमाणानि

गुणैः कर्माणि सर्वशः ।

अहङ्कारविमूढात्मा

कर्ताहमिति मन्यते ॥ २७ ॥

तत्त्ववित्तु महाबाहो

गुणकर्मविभागयोः ।

गुणा गुणेषु वर्तन्त

इति मत्वा न सज्जते ॥ २८ ॥

प्रकृतेर्गुणसम्मूढाः

सज्जन्ते गुणकर्मसु ।

तानकृत्स्नविदो मन्दान्

कृत्स्नविन्न विचालयेत् ॥ २९ ॥

मयि सर्वाणि कर्माणि

संन्यस्याध्यात्मचेतसा ।

निराशीर्निर्ममो भूत्वा

युध्यस्व विगतज्वरः ॥ ३० ॥

ये मे मतमिदं नित्यम्

अनुतिष्ठन्ति मानवाः ।

श्रद्धावन्तोऽनसूयन्तो

मुच्यन्ते तेऽपि कर्मभिः ॥ ३१ ॥

ये त्वेतदभ्यसूयन्तो

नानुतिष्ठन्ति मे मतम् ।

सर्वज्ञानविमूढांस्तान्

विद्धि नष्टानचेतसः ॥ ३२ ॥

सदृशं चेष्टते स्वस्याः

प्रकृतेर्ज्ञानवानपि ।

प्रकृतिं यान्ति भूतानि

निग्रहः किं करिष्यति ॥ ३३ ॥

इन्द्रियस्येन्द्रियस्यार्थे

रागद्वेषौ व्यवस्थितौ ।

तयोर्न वशमागच्छेत्

तौ ह्यस्य परिपन्थिनौ ॥ ३४ ॥

श्रेयान्स्वधर्मो विगुणः

परधर्मात्स्वनुष्ठितात् ।

स्वधर्मे निधनं श्रेयः

परधर्मो भयावहः ॥ ३५ ॥

अर्जुन उवाच -

अथ केन प्रयुक्तोऽयं

पापं चरति पूरुषः ।

अनिच्छन्नपि वार्ष्णेय

बलादिव नियोजितः ॥ ३६ ॥

श्रीभगवानुवाच -

काम एष क्रोध एष

रजोगुणसमुद्भवः ।

महाशनो महापाप्मा

विद्धयेनमिह वैरिणम् ॥ ३७ ॥

धूमेनाव्रियते वह्निः

यथादर्शो मलेन च ।

यथोल्बेनावृतो गर्भः

तथा तेनेदमावृतम् ॥ ३८ ॥

आवृतं ज्ञानमेतेन

ज्ञानिनो नित्यवैरिणा ।

कामरूपेण कौन्तेय

दुष्पूरेणानलेन च ॥ ३९ ॥

इन्द्रियाणि मनो बुद्धिः

अस्याधिष्ठानमुच्यते ।

एतैर्विमोहयत्येष

ज्ञानमावृत्य देहिनम् ॥ ४० ॥

तस्मात्त्वमिन्द्रियाण्यादौ

नियम्य भरतर्षभ ।

पाप्मानं प्रजहि ह्येनं

ज्ञानविज्ञाननाशनम् ॥ ४१ ॥

इन्द्रियाणि पराण्याहुः

इन्द्रियेभ्यः परं मनः ।

मनसस्तु परा बुद्धिः

यो बुद्धेः परतस्तु सः ॥ ४२ ॥

एवं बुद्धेः परं बुद्ध्वा

संस्तभ्यात्मानमात्मना ।

जहि शत्रुं महाबाहो

कामरूपं दुरासदम् ॥ ४३ ॥

ॐ तत्सदिति श्रीमद्भगवद्गीतासूपनिषत्सु

ब्रह्मविद्यायां योगशास्त्रे श्रीकृष्णार्जुनसंवादे

कर्मयोगो नाम तृतीयोऽध्यायः ॥

ॐ हरये नमः । ॐ हरये नमः ।

ॐ हरये नमः ।

ॐ शान्तिः । ॐ शान्तिः । ॐ शान्तिः ।

हरिः ॐ ॥ श्रीकृष्णार्पणमस्तु ॥

Date: M T W T F S S

Adhyāy 4

Brahmārpaṇayogaḥ

Date: M T W T F S S

ॐ श्रीमद्भगवद्गीता ।

अथ चतुर्थोऽध्यायः ।

ब्रह्मार्पणयोगः

श्रीभगवानुवाच -

इमं विवस्वते योगं

प्रोक्तवानहमव्ययम् ।

विवस्वान्मनवे प्राह

मनुरिक्ष्वाकवेऽब्रवीत् ॥ १ ॥

एवं परम्पराप्राप्तम्

इमं राजर्षयो विदुः ।

स कालेनेह महता

योगो नष्टः परन्तप ॥ २ ॥

स एवायं मया तेऽद्य

योगः प्रोक्तः पुरातनः ।

भक्तोऽसि मे सखा चेति

रहस्यं ह्येतदुत्तमम् ॥ ३ ॥

अर्जुन उवाच -

अपरं भवतो जन्म

परं जन्म विवस्वतः ।

कथमेतद्विजानीयां

त्वमादौ प्रोक्तवानिति ॥ ४ ॥

श्रीभगवानुवाच -

बहूनि मे व्यतीतानि

जन्मानि तव चार्जुन ।

तान्यहं वेद सर्वाणि

न त्वं वेत्थ परन्तप ॥ ५ ॥

अजोऽपि सन्नव्ययात्मा

भूतानामीश्वरोऽपि सन् ।

प्रकृतिं स्वामधिष्ठाय

सम्भवाम्यात्ममायया ॥ ६ ॥

यदा यदा हि धर्मस्य

ग्लानिर्भवति भारत ।

अभ्युत्थानमधर्मस्य

तदात्मानं सृजाम्यहम् ॥ ७ ॥

परित्राणाय साधूनां

विनाशाय च दुष्कृताम् ।

धर्मसंस्थापनार्थाय

सम्भवामि युगे युगे ॥ ८ ॥

जन्म कर्म च मे दिव्यम्

एवं यो वेत्ति तत्त्वतः ।

त्यक्त्वा देहं पुनर्जन्म

नैति मामेति सोऽर्जुन ॥ ९ ॥

वीतरागभयक्रोधा

मन्मया मामुपाश्रिताः ।

बहवो ज्ञानतपसा

पूता मद्भावमागताः ॥ १० ॥

ये यथा मां प्रपद्यन्ते

तांस्तथैव भजाम्यहम् ।

मम वर्त्मानुवर्तन्ते

मनुष्याः पार्थ सर्वशः ॥ ११ ॥

काङ्क्षन्तः कर्मणां सिद्धिं

यजन्त इह देवताः ।

क्षिप्रं हि मानुषे लोके

सिद्धिर्भवति कर्मजा ॥ १२ ॥

चातुर्वर्ण्यं मया सृष्टं

Date: M T W T F S S

गुणकर्मविभागशः ।

तस्य कर्तारमपि मां

विद्ध्यकर्तारमव्ययम् ॥ १३ ॥

न मां कर्माणि लिम्पन्ति

न मे कर्मफले स्पृहा ।

इति मां योऽभिजानाति

कर्मभिर्न स बध्यते ॥ १४ ॥

एवं ज्ञात्वा कृतं कर्म

पूर्वैरपि मुमुक्षुभिः ।

कुरु कर्मैव तस्मात्त्वं

पूर्वैः पूर्वतरं कृतम् ॥ १५ ॥

किं कर्म किमकर्मेति

कवयोऽप्यत्र मोहिताः ।

तत्ते कर्म प्रवक्ष्यामि

यज्ज्ञात्वा मोक्ष्यसेऽशुभात् ॥ १६ ॥

कर्मणो ह्यपि बोद्धव्यं

बोद्धव्यं च विकर्मणः ।

अकर्मणश्च बोद्धव्यं

गहना कर्मणो गतिः ॥ १७ ॥

कर्मण्यकर्म यः पश्येद्

अकर्मणि च कर्म यः ।

स बुद्धिमान्मनुष्येषु

स युक्तः कृत्स्नकर्मकृत् ॥ १८ ॥

यस्य सर्वे समारम्भाः

कामसङ्कल्पवर्जिताः ।

ज्ञानाग्निदग्धकर्माणं

तमाहुः पण्डितं बुधाः ॥ १९ ॥

त्यक्त्वा कर्मफलासङ्गं

नित्यतृप्तो निराश्रयः ।

कर्मण्यभिप्रवृत्तोऽपि

नैव किञ्चित्करोति सः ॥ २० ॥

निराशीर्यतचित्तात्मा

त्यक्तसर्वपरिग्रहः ।

शारीरं केवलं कर्म

कुर्वन्नाप्नोति किल्बिषम् ॥ २१ ॥

यदृच्छालाभसन्तुष्टो

द्वन्द्वातीतो विमत्सरः ।

समः सिद्धावसिद्धौ च

कृत्वापि न निबध्यते ॥ २२ ॥

गतसङ्गस्य मुक्तस्य

ज्ञानावस्थितचेतसः ।

यज्ञायाचरतः कर्म

समग्रं प्रविलीयते ॥ २३ ॥

ब्रह्मार्पणं ब्रह्म हविः

ब्रह्माग्नौ ब्रह्मणा हुतम् ।

ब्रह्मैव तेन गन्तव्यं

ब्रह्मकर्मसमाधिना ॥ २४ ॥

दैवमेवापरे यज्ञं

योगिनः पर्युपासते ।

ब्रह्माग्नावपरे यज्ञं

यज्ञेनैवोपजुह्वति ॥ २५ ॥

श्रोत्रादीनीन्द्रियाण्यन्ये

संयमाग्निषु जुह्वति ।

शब्दादीन्विषयानन्य

इन्द्रियाग्निषु जुह्वति ॥ २६ ॥

सर्वाणीन्द्रियकर्माणि

प्राणकर्माणि चापरे ।

आत्मसंयमयोगाग्नौ

जुह्वति ज्ञानदीपिते ॥ २७ ॥

द्रव्ययज्ञास्तपोयज्ञा

योगयज्ञास्तथापरे ।

स्वाध्यायज्ञानयज्ञाश्च

यतयः संशितव्रताः ॥ २८ ॥

अपाने जुह्वति प्राणं

प्राणेऽपानं तथापरे ।

प्राणापानगती रुद्ध्वा

प्राणायामपरायणाः ॥ २९ ॥

अपरे नियताहाराः

प्राणान्प्राणेषु जुह्वति ।

सर्वेऽप्येते यज्ञविदो

यज्ञक्षपितकल्मषाः ॥ ३० ॥

यज्ञशिष्टामृतभुजो

यान्ति ब्रह्म सनातनम् ।

नायं लोकोऽस्त्ययज्ञस्य

कुतोऽन्यः कुरुसत्तम ॥ ३१ ॥

एवं बहुविधा यज्ञा

वितता ब्रह्मणो मुखे ।

कर्मजान्विद्धि तान्सर्वान्

एवं ज्ञात्वा विमोक्ष्यसे ॥ ३२ ॥

श्रेयान्द्रव्यमयाद्यज्ञाज्

ज्ञानयज्ञः परन्तप ।

सर्वं कर्माखिलं पार्थ

ज्ञाने परिसमाप्यते ॥ ३३ ॥

तद्विद्धि प्रणिपातेन

परिप्रश्नेन सेवया ।

उपदेक्ष्यन्ति ते ज्ञानं

ज्ञानिनस्तत्त्वदर्शिनः ॥ ३४ ॥

यज्ज्ञात्वा न पुनर्मोहम्

एवं यास्यसि पाण्डव ।

येन भूतान्यशेषेण

द्रक्ष्यस्यात्मन्यथो मयि ॥ ३५ ॥

अपि चेदसि पापेभ्यः

सर्वेभ्यः पापकृत्तमः ।

सर्वं ज्ञानप्लवेनैव

वृजिनं सन्तरिष्यसि ॥ ३६ ॥

यथैधांसि समिद्धोऽग्निः

भस्मसात्कुरुतेऽर्जुन ।

ज्ञानाग्निः सर्वकर्माणि

भस्मसात्कुरुते तथा ॥ ३७ ॥

न हि ज्ञानेन सदृशं

पवित्रमिह विद्यते ।

तत्स्वयं योगसंसिद्धः

कालेनात्मनि विन्दति ॥ ३८ ॥

श्रद्धावाँल्लभते ज्ञानं

तत्परः संयतेन्द्रियः ।

ज्ञानं लब्ध्वा परां शान्तिम्

अचिरेणाधिगच्छति ॥ ३९ ॥

अज्ञश्चाश्रद्दधानश्च

संशयात्मा विनश्यति ।

नायं लोकोऽस्ति न परो

न सुखं संशयात्मनः ॥ ४० ॥

योगसंन्यस्तकर्माणं

ज्ञानसञ्छिन्नसंशयम् ।

आत्मवन्तं न कर्माणि

निबध्नन्ति धनञ्जय ॥ ४१ ॥

तस्मादज्ञानसम्भूतं

हृत्स्थं ज्ञानासिनात्मनः ।

छित्त्वैनं संशयं योगम्

आतिष्ठोत्तिष्ठ भारत ॥ ४२ ॥

ॐ तत्सदिति श्रीमद्भगवद्गीतासूपनिषत्सु

ब्रह्मविद्यायां योगशास्त्रे

Date: M T W T F S S

श्रीकृष्णार्जुनसंवादे

ब्रह्मार्पणयोगो नाम चतुर्थोऽध्यायः ॥

ॐ हरये नमः । ॐ हरये नमः ।

ॐ हरये नमः ।

ॐ शान्तिः । ॐ शान्तिः । ॐ शान्तिः ।

हरिः ॐ ॥ श्रीकृष्णार्पणमस्तु ॥

Date: M T W T F S S

Adhyāy 5

Saṅnyāsayogaḥ

Date: M T W T F S S

ॐ श्रीमद्भगवद्गीता ।

अथ पञ्चमोऽध्यायः ।

संन्यासयोगः

अर्जुन उवाच -

संन्यासं कर्मणां कृष्ण

पुनर्योगं च शंससि ।

यच्छ्रेय एतयोरेकं

तन्मे ब्रूहि सुनिश्चितम् ॥ १ ॥

श्रीभगवानुवाच -

संन्यासः कर्मयोगश्च

निःश्रेयसकरावुभौ ।

तयोस्तु कर्मसंन्यासात्

कर्मयोगो विशिष्यते ॥ २ ॥

ज्ञेयः स नित्यसंन्यासी

यो न द्वेष्टि न काङ्क्षति ।

निर्द्वन्द्वो हि महाबाहो

सुखं बन्धात्प्रमुच्यते ॥ ३ ॥

साङ्ख्ययोगौ पृथग्बालाः

प्रवदन्ति न पण्डिताः ।

एकमप्यास्थितः सम्यग्

उभयोर्विन्दते फलम् ॥ ४ ॥

यत्साङ्ख्यैः प्राप्यते स्थानं

तद्योगैरपि गम्यते ।

एकं साङ्ख्यं च योगं च

यः पश्यति स पश्यति ॥ ५ ॥

संन्यासस्तु महाबाहो

दुःखमाप्तुमयोगतः ।

योगयुक्तो मुनिर्ब्रह्म

नचिरेणाधिगच्छति ॥ ६ ॥

योगयुक्तो विशुद्धात्मा

विजितात्मा जितेन्द्रियः ।

सर्वभूतात्मभूतात्मा

कुर्वन्नपि न लिप्यते ॥ ७ ॥

नैव किञ्चित्करोमीति

युक्तो मन्येत तत्त्ववित् ।

पश्यञ्शृण्वन्स्पृशञ्जिघ्रन्

अश्नन्गच्छन्स्वपञ्श्वसन् ॥ ८ ॥

प्रलपन्विसृजन्गृह्णन्

उन्मिषन्निमिषन्नपि ।

इन्द्रियाणीन्द्रियार्थेषु

वर्तन्त इति धारयन् ॥ ९ ॥

ब्रह्मण्याधाय कर्माणि

सङ्गं त्यक्त्वा करोति यः ।

लिप्यते न स पापेन

पद्मपत्रमिवाम्भसा ॥ १० ॥

कायेन मनसा बुद्ध्या

केवलैरिन्द्रियैरपि ।

योगिनः कर्म कुर्वन्ति

सङ्गं त्यक्त्वात्मशुद्धये ॥ ११ ॥

युक्तः कर्मफलं त्यक्त्वा

शान्तिमाप्नोति नैष्ठिकीम् ।

अयुक्तः कामकारेण

फले सक्तो निबध्यते ॥ १२ ॥

सर्वकर्माणि मनसा

संन्यस्यास्ते सुखं वशी ।

नवद्वारे पुरे देही

नैव कुर्वन्न कारयन् ॥ १३ ॥

न कर्तृत्वं न कर्माणि

लोकस्य सृजति प्रभुः ।

न कर्मफलसंयोगं

स्वभावस्तु प्रवर्तते ॥ १४ ॥

नादत्ते कस्यचित्पापं

न चैव सुकृतं विभुः ।

अज्ञानेनावृतं ज्ञानं

तेन मुह्यन्ति जन्तवः ॥ १५ ॥

ज्ञानेन तु तदज्ञानं

येषां नाशितमात्मनः ।

तेषामादित्यवज्ज्ञानं

प्रकाशयति तत्परम् ॥ १६ ॥

तद्बुद्धयस्तदात्मानः

तन्निष्ठास्तत्परायणाः ।

गच्छन्त्यपुनरावृत्तिं

ज्ञाननिर्धूतकल्मषाः ॥ १७ ॥

विद्याविनयसम्पन्ने

ब्राह्मणे गवि हस्तिनि ।

शुनि चैव श्वपाके च

पण्डिताः समदर्शिनः ॥ १८ ॥

इहैव तैर्जितः सर्गो

येषां साम्ये स्थितं मनः ।

निर्दोषं हि समं ब्रह्म

तस्माद् ब्रह्मणि ते स्थिताः ॥ १९ ॥

न प्रहृष्येत्प्रियं प्राप्य

नोद्विजेत्प्राप्य चाप्रियम् ।

स्थिरबुद्धिरसम्मूढो

ब्रह्मविद् ब्रह्मणि स्थितः ॥ २० ॥

बाह्यस्पर्शेष्वसक्तात्मा

विन्दत्यात्मनि यत्सुखम् ।

स ब्रह्मयोगयुक्तात्मा

सुखमक्षयमश्नुते ॥ २१ ॥

ये हि संस्पर्शजा भोगा

दुःखयोनय एव ते ।

आद्यन्तवन्तः कौन्तेय

न तेषु रमते बुधः ॥ २२ ॥

शक्नोतीहैव यः सोढुं

प्राक्शरीरविमोक्षणात् ।

कामक्रोधोद्भवं वेगं

स युक्तः स सुखी नरः ॥ २३ ॥

योऽन्तःसुखोऽन्तरारामः

तथान्तर्ज्योतिरेव यः ।

स योगी ब्रह्मनिर्वाणं

ब्रह्मभूतोऽधिगच्छति ॥ २४ ॥

लभन्ते ब्रह्मनिर्वाणम्

ऋषयः क्षीणकल्मषाः ।

छिन्नद्वैधा यतात्मानः

सर्वभूतहिते रताः ॥ २५ ॥

कामक्रोधवियुक्तानां

यतीनां यतचेतसाम् ।

अभितो ब्रह्मनिर्वाणं

वर्तते विदितात्मनाम् ॥ २६ ॥

स्पर्शान्कृत्वा बहिर्बाह्यांश्

चक्षुश्चैवान्तरे भ्रुवोः ।

प्राणापानौ समौ कृत्वा

नासाभ्यन्तरचारिणौ ॥ २७ ॥

यतेन्द्रियमनोबुद्धिः

मुनिर्मोक्षपरायणः ।

विगतेच्छाभयक्रोधो

यः सदा मुक्त एव सः ॥ २८ ॥

भोक्तारं यज्ञतपसां

सर्वलोकमहेश्वरम् ।

सुहृदं सर्वभूतानां

ज्ञात्वा मां शान्तिमृच्छति ॥ २९ ॥

ॐ तत्सदिति श्रीमद्भगवद्गीतासूपनिषत्सु

ब्रह्मविद्यायां योगशास्त्रे श्रीकृष्णार्जुनसंवादे

संन्यासयोगो नाम पञ्चमोऽध्यायः ॥

ॐ हरये नमः । ॐ हरये नमः ।

ॐ हरये नमः ।

ॐ शान्तिः । ॐ शान्तिः । ॐ शान्तिः ।

हरिः ॐ ॥ श्रीकृष्णार्पणमस्तु ॥

ShreeMeera Foundation

Every Life Matters

The ShreeMeera Foundation (SMF) was established with a vision to bridge timeless spiritual wisdom with the realities of the modern world. Rooted in the principle of selfless service (sevā), SMF was incorporated in the State of Delaware, USA, on May 20, 2014, and operates as a registered 501(c)(3) nonprofit organization.

SMF is a dedicated team of volunteers passionately devoted to the preservation, evolution and application of knowledge pertaining to spirituality, self-realization, and the path of devotion. Transcending the boundaries of geography, language and faith, SMF's activities are focused on the application of those universal principles that form the basis of existence of life, that give meaning to that existence and that bring life into harmony with the universe within which it exists.

Preservation
SMF undertakes the careful digitization, archiving, and standardization of spiritual texts and teachings—protecting them from the erosion of time and technological obsolescence. This includes the migration of manuscripts and printed works into modern digital formats, as well as the conversion of analog recordings into accessible, high-quality digital media. Through this, SMF ensures that these treasures of knowledge remain available to seekers across generations.

Evolution
The pillar of Evolution focuses on translating and transliterating sacred content—particularly from Sanskrit and Marathi—into multiple languages and scripts, including English Roman. This effort allows students, devotees, and seekers from diverse linguistic backgrounds to approach spiritual knowledge without the barriers of unfamiliar scripts. By blending accuracy with accessibility, SMF helps ancient wisdom find new life in the modern age.

Application
Beyond preservation and evolution lies the most vital pillar: Application. SMF believes that spiritual knowledge must not only be read or remembered—it must be lived. To this end, SMF has developed

technology-based platforms and multimedia experiences that encourage personal engagement with spiritual teachings. Among these initiatives are Project X, which focuses on digitization, transliteration, and the creation of documentaries and digital archives, and SMF Petals, a mobile and web-based application offering access to a vast library of scriptures, hymns, chants and compostions in both Devanāgarī and English Roman scripts. In addition, SMF Nexus is a project designed to re-present in various languages principles of Adwaita Vedāṅta, enshrined in scriptures such as the Vedās, the Shreemad Bhagawad Geetā and the ShreeJñāneshwarī, empowering seekers to live a life in which spirituality is built-in, not bolted on.

Inclusivity and Sustainability

SMF's work is distinguished by its commitment to inclusivity, universality, and sustainability. It embraces seekers of all paths, affirming that spiritual wisdom is the shared heritage of humanity. Its initiatives transcend sectarian and cultural lines, inviting everyone to experience spirituality as a unifying force rather than a dividing one. SMF also integrates sustainable practices—favoring digital platforms, cloud infrastructure, and minimal physical printing—to ensure responsible stewardship of both knowledge and the environment.

Proudly volunteer-driven, SMF upholds the highest standards of integrity and transparency. The organization operates independently of external affiliations or institutional control, guided instead by the collective intention of its contributors to serve humanity through the preservation and dissemination of divine knowledge.

Learning Together

This Tracing Book of the Shreemad Bhagawad Geetā extends SMF's mission into an intimate, personal practice. Each page encourages reflection, devotion, and consistency—values that mirror SMF's belief that spiritual progress is achieved not through grand acts but through steady, sincere effort.

In bringing this work to life, SMF continues its commitment to the living tradition of sādhanā—transforming learning into service, practice into realization, and every written word into a step toward the Divine.

✻✻✻

SMF Petals

Write with your Hand, Listen with your Heart

The SMF Petals App, created by the ShreeMeera Foundation (SMF), is a digital companion to your tracing journey—a bridge between daily practice and timeless wisdom. Designed to make sacred knowledge accessible anytime, anywhere, the app brings together a growing collection of spiritual texts, including the Shreemad Bhagawad Geetā, Shree Jñāneshwarī, and other revered scriptures.

Each text is available in both Devanāgarī and English Roman scripts, allowing seekers from all backgrounds to read, learn, and reflect with ease. The app now also includes an expanding library of audio recordings of these scriptures, narrated to help users follow pronunciation, rhythm, and meaning—turning reading into a truly immersive experience.

For users of this tracing book, SMF Petals offers continuity beyond the page. You can listen to the verses you trace, review meanings, and strengthen your understanding through repetition and reflection. This harmony of written and spoken word deepens concentration and reinforces the habit of small, consistent spiritual acts each day.

Together, the SMF Tracing Books and SMF Petals App embody the Foundation's mission: to preserve, evolve, and apply spiritual knowledge in daily life. As we write with our hand and listen with our heart, may each verse become a living reminder that consistency, mindfulness, and devotion are the true measures of progress on the path of spirituality.

Bookmark Page

Here's an easy tutorial to help you make a bookmark for this book.

- Start with a square piece of paper. Place it flat on your table.
- Fold the paper diagonally to make a triangle. Press the edges firmly.
- Rotate the triangle so the longest edge is at the bottom.
- Take the left and right corners and fold them upward so they meet at the top point. You will see a diamond shape.
- Open these two flaps again.
- Fold the top point down to meet the bottom edge. This creates a small pocket.
- Fold the left and right corners up again and gently tuck their points into the pocket.
- Turn the bookmark over. It is now ready to slide onto the corner of any page.

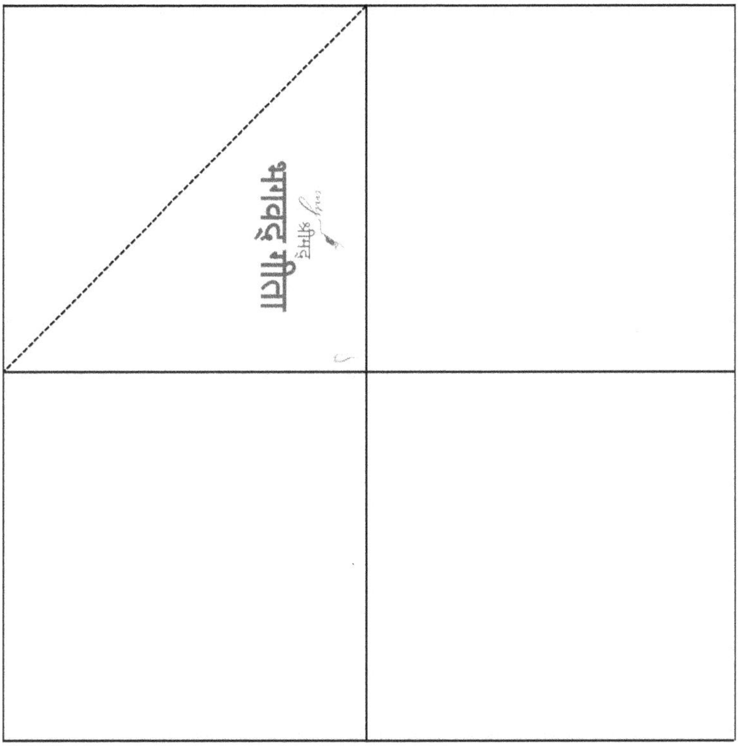
श्रीमद्
भगवद् गीता

www.ingramcontent.com/pod-product-compliance
Lightning Source LLC
LaVergne TN
LVHW050917210926
848482LV00012B/475